Bordesholmer Edition

Band 13

Zum Buch:

Inzwischen gibt es drei Bordesholmkrimis:

Band 1: Das Grab auf der Insel
Band 2: Schmalsteder Beifang
Band 3: Lotosblüte

In diesem Büchlein werden die wichtigsten Handlungsorte vorgestellt, zusammen mit der Anregung, die Orte anhand der eingefügten Karten zu erwandern oder zu erradeln.

Die Autoren:

Die Krimiautoren Jürgen Baasch, Charlotte Günther, Kirsten Frahm und Hartmut Wiedling

Krimiwanderungen

Auf den Spuren der Bordesholmkrimis

Inhalt

Grußwort des Amtsdirektors Heinrich Lembrecht 6
Vorwort der Autoren 10

Krimi I: Das Grab auf der Insel 13
Karte: Wanderung Bordesholmkrimi I: 13
1. Bahnhof Einfeld 14
2. Seeblick Mühbrook 16
3. Weg von Mühbrook zum Klosterstift 16
4. Lügenbrücke 18
5. Klosterstift 19
6. Alter Friedhof 19
7. Friedhofskapelle 19
8. Spaziergang Kloster → Neues Rathaus 20
9. Seecafé - Ein Glas Sekt? 20
10. Insel im Bordesholmer See 20
11. Praxis Wode, damals Bahnhofstr. 21
12. Squashline 21
13. Finnsiedlung 22
14. Schanze - Kaffeetrinken? 22
15. Seeufer Einfeld, Bootssteg, Bank 23
16. Seeblick Mühbrook 24
17. Dosenmoor, Schlagbaum, Hauptdamm 25

Krimi II: Schmalsteder Beifang 30
1. Die Lügenbrücke 31
2. Veranstaltungsplatz 31
3. Restaurant Makkarita / Marktplatz 32
4. Mühbrooker Meer 33
5. Die Bordesholmer Gerichtslinde 33
6. Der Gewölbekeller 34
7. Am Schmalsteder Mühlenteich 34
8. Die Schmalsteder Mühle 35
9. Das Abfischen 35
10. Der Widder auf dem Hof Johannsen 36
11. Der Penzelsberg 36
12. Kinder- und Jugendtreff Bordesholm 37
13. Die Insel im See 37

Krimi III: Lotosblüte 40
1. Köpi-Treff 41
2. Villa Coloniale 41
3. Seeterrassen am Seerundweg 42
4. Haus des Präsidenten des Kulturvereins 43
5. Ahlmann`sche Buchhandlung 43
6. Friends by Rollo 44
7. Heintzestraße 44
8. Ort des Mordes an Joachim Hansen 45
9. Fluchtweg von Ludwig Kron 46

Grußwort des Amtsdirektors Heinrich Lembrecht

Bordesholm hat eine reiche historische Vergangenheit. So begann Paul Steffen sein Standardwerk „…meine Adresse ist Bordesholm". Landschaftlich besonders schön gelegen verdankt der Ort seine Entwicklung zunächst dem Chorherrenstift, das 1332 von Neumünster nach Bordesholm verlegt wurde. Ob die damalige Insel „Borsholm" schon besiedelt war, ist ungewiss. Ein Dorf aber wird erst durch das Kloster entstanden sein. Zu einem Mittelpunkt der umliegenden Landschaft wurde Bordesholm, als nach Einziehung des Klosters im Jahre 1556 hier der Amtssitz eingerichtet wurde. Das Gebiet blieb ein geschlossener Verband, zu dem 27 Dörfer gehörten.
Der Beginn der neuen Zeit wurde 1832 mit dem Bau der ersten Chaussee Altona – Kiel eingeleitet. Wichtiger noch war die Inbetriebnahme der ersten schleswig-holsteinischen Eisenbahn, ebenfalls von Altona nach Kiel. Beide Verkehrsadern brachten Bordesholm den Anschluss an das Heute und Morgen. Hinzu kam später in den 60er und 70er Jahren des letzten Jahrhunderts die Bundesautobahn A 7 und mit den Olympischen Spielen 1972 in Schilksee die A 215 vom Bordesholmer Dreieck nach Kiel. Damit war und ist Bordesholm verkehrlich ideal angebunden.
In der preußischen Zeit, die 1867 begann, wurde Bordesholm zum Sitz der Kreisverwaltung und damit zum Mittelpunkt des Landkreises Kiel, der später in

Kreis Bordesholm umbenannt wurde. Als zentraler Ort mit dem Hauptsitz der alten Ämtersparkasse, vieler Geschäfte und Betriebe hat sich Bordesholm mit Wattenbek und den anderen Umlandgemeinden günstig entwickelt. Während des 2. Weltkrieges und danach haben viele Menschen in Bordesholm eine neue Heimat gefunden. Insbesondere in der Finnenhaussiedlung fanden Ausgebombte und Vertriebene Zuflucht und Unterkunft.

Zwischen den Städten Kiel und Neumünster entwickelte sich der Wirtschaftsstandort Bordesholm. Die günstige Infrastruktur mit der Anbindung über die A 7, die Landesstraße 318 (ehemalige Bundesstraße 4) und der Bahnanschluss wirkten sich günstig für die regionale Wirtschaft aus. Das wirtschaftliche Zentrum in Bahnhofsnähe entwickelte sich ebenso positiv wie neue Gewerbegebiete. Die Einkaufsmöglichkeiten sind durch zahlreiche Fachgeschäfte sowie Lebensmittel- und Baumärkte gut. Leistungsfähige Handwerksbetriebe vor Ort, Großhandels- und Dienstleistungsunternehmen runden die Angebotspalette ab. Kunden können im Bordesholmer Land fast alles kaufen, was sie brauchen.

Die Lebensqualität im Gesundheitssektor wird durch eine umfangreiche Versorgung mit Ärzten und Fachärzten, Zahnärzten, Praxen für Krankengymnastik und Heilpraktiker erhöht. Eine Sozialstation und ambulante soziale Dienste bieten diverse Dienstleistungen an. Seniorenheime mit modernen Einrichtungen der Alten- und Krankenpflege sind vorhanden. Auch das schulische Angebot lässt keine Wünsche offen. Von Grund-bis Gemeinschaftsschule reicht die heutige Ausstattung, eine gymnasiale Oberstufe wird eingerichtet. Die Schleswig-Holsteinische Verwaltungsakademie ist mit ihrem Aus- und Fortbildungsprogramm im Land bekannt. Vielfältige Sportmöglichkeiten sind dank einer großzügigen Ausstattung mit Sportstätten und Hallen gegeben. Unter der fürsorglichen Obhut des Kultur- und Verschönerungsvereins gedeiht ein vielfältiges kulturelles Leben: Galerien, das Kulturforum „Altes Kino" mit Theater und Konzerten, die Heimatstube und der Gewölbekeller mit wechselnden Ausstellungen. Auch das Schleswig-Holstein-Musik-Festival ist alljährlich mit Veranstaltungen in der Klosterkirche zu Gast. Und welche Gemeinde dieser Größe leistet sich schon einen Kulturbeauftragten. Historie und Moderne begegnen sich im Bordesholmer Land in reizvoller Lage. Am Rande von Seen und dem Eidertal gelegen hat es schon immer Menschen zum Verweilen angeregt. Und zum Wirtschaften.

Vorwort der Autoren

Mit Kommissar Bielfeld unterwegs
Seit 2010 nun ermitteln Kommissar Bielfeld und seine junge Kollegin Erika Friedberg in der historisch und landschaftlich reichen Region. Am Totensonntag 2011 wurde der 1. Bordesholm-Krimi dem Publikum in der Wattenbeker Räucherkate vorgestellt. Regionalkrimis sollten es sein, die das Autorenteam den Lesern präsentierte. Plätze, Fluchtwege, Verstecke und Tatorte wurden über das Bordesholmer Land verstreut. Das Mühbrooker Meer, natürlich der Bordesholmer See, die Schmalsteder Mühle und der inzwischen abgebrannte Kiosk am See sind nur einige wenige Orte, an denen die Romane spielen. Natürlich wurden in diese norddeutsche Landschaft auch die typischen Begebenheiten und Figuren hinein gesetzt. So entstanden Kriminalromane mit einem hohen Wiedererkennungswert für die Menschen, die im Bordesholmer Land leben. Und Leserinnen und Leser mit keinen oder nur geringen Ortskenntnissen wurden neugierig auf die Orte des Geschehens. Immer wieder wurden wir gefragt, wo denn der Penzelsberg liege und ob man in der Schmalsteder Mühle wirklich Karpfen kaufen kann. Ja, man kann, in jedem Jahr von November bis März.
All diese Nachfragen ließen die Idee keimen, ein „Heft der Tatorte" zu fertigen, nach dem Leser auf den Spuren unserer Protagonisten das Bordesholmer Land

erkunden können. Für jeden Bordesholm-Krimi einzeln kann man sich auf die Reise machen, unserer Empfehlung folgen oder die Route selbst zusammenstellen. Wer die Romane las wird die Tatorte jetzt vielleicht mit anderen Augen sehen – und wer die Krimis nicht kennt, wird erkennen, was ihm bisher entgangen ist.
Wir wünschen viel Spaß mit unserem kleinen Bordesholm-Krimi-Reisebegleiter!

Jürgen Baasch, Kirsten Frahm, Charlotte Günther und Hartmut Wiedling

**Pizza - Croques
La Flute - Schnitzel
Hausmannskost**

- alles lecker -
- alles frisch -
- alles auch außer Haus-

***von Montag bis Freitag
wechselnder Mittagstisch***

Öffnungszeiten
Montag - Freitag
***von 11.00 bis 14.30
und
von 17.00 bis 22.30***

Samstag und Sonntag
von 17.00 bis 22.30

Bahnhofstraße 51 • Bordesholm • Tel. 04322/2604

Krimi I: Das Grab auf der Insel

Karte: Wanderung Bordesholmkrimi I:

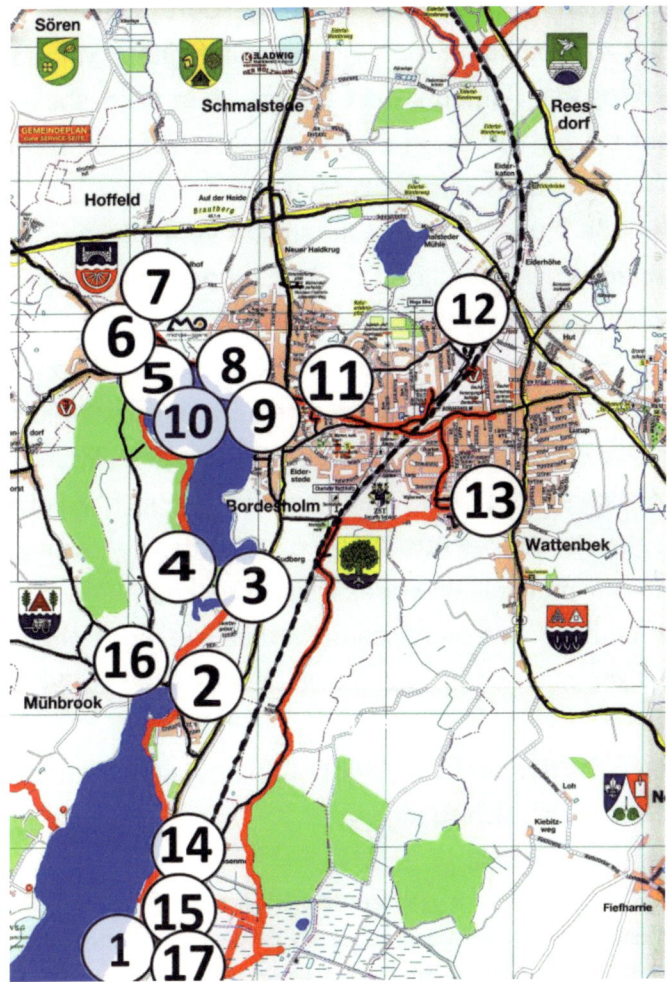

1. Bahnhof Einfeld

Hier hielt der Zug, der Stella einst nach Schleswig-Holstein zurückbrachte.

Ankunft Stella aus Berlin – Vorgeschichte erzählen)15 Jahre waren es her, als Stella ihr geliebtes Zuhause in einer Doppelhälfte der Finnenhaussiedlung verließ. Der Zug aus Hamburg hielt zwar auch in Bordesholm, aber sie zog es vor, in Einfeld auszusteigen, um nicht gleich wiedererkannt zu werden.

Als süße blonde Sprechstundenhilfe verliebte sie sich damals in ihren Chef Dr. Wode und wurde seine Geliebte.

Vor 15 Jahren hatte sich die süße blonde Sprechstundenhilfe Stella in ihren Chef, Dr. Wode verliebt und wurde seine Geliebte.) Als dessen Ehefrau plötzlich spurlos verschwand, wurde sie – nicht zuletzt wegen Dr. Wodes Aussagen - des Mordes verdächtigt und nur mangels Beweises freigesprochen. Verlassen, verleumdet und vereinsamt verließ sie Bordesholm und zog nach Berlin, wo sie Dr. Wodes Sohn zur Welt brachte.

Wie einst der Graf von Monte Christo, kam sie zurück mit dem Ziel, sich zu rächen.

Erinnern wir uns:

S. 26: Während der ganzen unerträglich langen Zeit des gerichtlichen Verfahrens hatte Stella sich zurückgehalten. Alle ihre Aussagen hatte sie mit ihrem Verteidiger abgesprochen und schriftlich niedergelegt. Sie wurden von diesem verlesen.
Weitere Aussagen verweigerte sie auf dessen Rat.

Nach der Urteilsverkündung aber explodierte sie, noch auf der Treppe des Gerichtsgebäudes:
„Mangels Beweisen!", schrie sie empört ihren Verteidiger an.
„Freispruch immerhin."
„Schuldspruch!"
„Falsch. Freispruch."
„Juristisch vielleicht."
„Mehr war nicht herauszuholen."
„Ich gebe nicht auf."
„Revision?"
„Ich mache weiter."
„Dann suchen Sie sich einen anderen Anwalt."
„Ohne Anwalt."
„Allein vor Gericht?"
„Wer spricht denn von Gericht?"
„Machen Sie keine Dummheiten! Darf ich Ihnen einen Rat geben?"
„Nein. Mit diesem Schuldspruch kann ich niemandem in die Augen schauen."
„Dann ziehen Sie weg."
„Werde ich. Aber ich komme wieder."
„Lassen Sie erst einmal Gras über alles wachsen."
„Das werde ich zu vermeiden wissen."
„Bleiben Sie vernünftig. Machen Sie keinen Skandal."
„Skandal nennen Sie das, wenn ich meine Unschuld beweisen will? Ist das nicht mein gutes Recht? Der Skandal liegt ganz woanders. Da scheint jemand ermordet worden zu sein. Den Mörder finden sie nicht. Stattdessen tun sie so, als wäre ich die Mörderin, nur hätte ich es so geschickt angestellt, dass sie es mir nicht beweisen können. Skandal? Jawohl. Gleich drei auf einmal."
„Spielen Sie nicht den Michael Kohlhaas[i]. Sie wissen, wie das endet."
„Das weiß ich. Er hat Recht bekommen."
Der Anwalt lächelte spöttisch:

„Jawohl. Unter dem Schafott."
„Weil er unrechtmäßig um zwei Pferde gebracht wurde. Als ihm das Recht auf juristischem Weg, wie es Ihnen vorschwebt, versagt wird, erkämpft er es sich."
„Indem er Selbstjustiz übt. Er wird zum Räuber und Mörder. Wollen sie das?"

2. Seeblick Mühbrook

Hier nahm Stella Quartier, um aus angemessenem Abstand ihren Feldzug zu organisieren.

Hier hielt sie Hof und traf sie sich zu den entscheidenden Gesprächen mit ihrem einstigen Geliebten.

Hier traf sie sich mit Dr. Wode. Bielfeld beobachtete und beschützte sie, als Dr. Wode sie betäubte, aus ihrem Zimmer entführte und sie umbringen wollte.

3. Weg von Mühbrook zum Klosterstift

Auf diesem Wege radelte Stella am ersten Tage ihrer Erkundigungen und ließ die Erinnerungen an damals wieder aufleben. Auf diesem Wege fuhr sie bei aufziehendem Gewitter in die Höhle des Löwen, zu der entscheidenden entlarvenden Auseinandersetzung mit Dr. Wode:

S. 132: Fünfzigtausend wäre es ihm (Wode) vielleicht wert, sie (Stella) zum Schweigen zu bringen. Also mit hunderttausend anfangen und nicht unter fünfzigtausend davongehen.
„Hunderttausend."
„Bist du verrückt? Hunderttausend für nichts und wieder nichts?"
„Immerhin, deine beiden Frauen sind ermordet worden..."
„Zehntausend. OK?"

„Lächerlich. Vierhunderttausend mindestens müsste ich verlangen, wenn ich allein an die Alimente denke. Aber das will ich nicht. Ich betrachte ihn ausschließlich als meinen Sohn."
„Alimente?"
„Vergiss es! Hunderttausend, damit ich nicht weiter erfolgreich nachforsche."
„Erfolgreich? Das würde sich erst zeigen müssen."
„Aber du fürchtest das doch. Sonst würdest du mir kein Geld bieten."
„Meine liebe Stella, es ist doch kein Schweigegeld. Wir haben uns doch einmal gut verstanden. Und du bist immer noch eine schöne sympathische Frau. Und da dachte ich ..."
„Auf deine Schmeicheleien falle ich nicht mehr herein. Wir reden von einer Abfindung, wenn ich meine erfolgreichen Recherchen aufgebe."
„Lächerlich. Welche Erfolge hast du denn?"
„Soll ich ein Stichwort geben?"
„Ich bitte darum, wenn du eines hast."
Und ironisch fügte er hinzu:
„Du machst mir ja direkt Angst!",
„Es fängt mit R an."
Dr. Wode wurde plötzlich ernst. Sein „Weiter?" hatte plötzlich alle Spuren des überlegenen Zynismus verloren.
„Du weißt, dass es mit ‚ü' weitergeht."
Wode schwieg.
„Hunderttausend sagte ich."
„Das kann ich nicht."
„Wie viel hast du flüssig?"
„Sagen wir fünfzig."
„OK. Heute Abend, neunzehn Uhr in meinem Apartment im ‚Seeblick' in Mühbrook."
Stella nahm ihre Handtasche, und so schnell wie sie gekommen war, schlüpfte sie an den Helferinnen vorbei hinaus.

4. Lügenbrücke

Hier traf sie Kai Wode, den Sohn von Dr. Wode, der nicht ahnen konnte, dass in Berlin vor fast 15 Jahren ein Halbbruder von ihm das Licht der Welt erblickt hatte.

S.53: Auf der Lügenbrücke über den Graben, durch den ein träges Rinnsal ein wenig Wasser vom Einfelder- in den Bordesholmer See führte, blieb sie stehen. Als Kind hatte sie geglaubt, die Brücke müsste zusammenbrechen, wenn ein Lügner über sie gehen wollte. Nein, so richtig geglaubt hatte sie es dann doch nicht. Zu oft war sie unbehelligt darüber gegangen, aber doch immer ein wenig erleichtert, wenn sie, wie seltsamerweise auch alle anderen, heil hinüber gelangt war. Richtig bewusst war es ihr erst viel später geworden, dass sich Lügen nicht so leicht aufdecken ließen.

...

Stella stand noch immer auf der Brücke. Sie schmunzelte. Dann flüsterte sie leise:

„Charlotte Wode ist eine Mörderin."

Sie hielt den Atem an und lauschte, da hörte sie ein leichtes Ächzen im Gebälk der Brücke.

„Charlotte Wode ist eine Mörderin", wiederholte sie.

Aber es geschah nichts. Sie ließ das Geländer los, auf das sie sich gestützt hatte, und da war es wieder, das Ächzen.

Sie schauderte. Stella, die junge couragierte allein erziehende Mutter, die mutig ausgezogen war, endlich Licht in die Rätsel ihrer Vergangenheit zu bringen, bekam eine Gänsehaut auf der Lügenbrücke.

Aber sie hielt es aus. Lächelte sogar, als ihr bewusst wurde, wie kindlich sie geblieben war.

5. Klosterstift
Hier traf sie - als leicht demente Stiftbewohnerin - Charlotte, Dr. Wodes zweite Frau und Komplizin. Von hier wurde sie später von Dr. Wodes Komplizen entführt, um am Einfelder See umgebracht zu werden.

6. Alter Friedhof
Unter dem Grabstein des friedlich entschlafenen Vaters von Dr. Wode, lag, was niemand wusste, in Wahrheit 15 Jahre lang die von ihrem Gatten ermordete Ehefrau von Dr. Wode.

7. Friedhofskapelle
In dieser Friedhofskapelle, stahl in tiefer Nacht Dr. Wode den Leichnam seines Vaters und legte stattdessen seine eigenhändig ermordete Frau in den bereits zur Beerdigung bereitstehenden Sarg seines Vaters.
Und hier, hinter den Bäumen, erkennt man das damalige Wohnhaus von Dr. Wode, in dem sich der Mord ereignete. Heute wohnt einer der Autoren in dem Haus.

8. Spaziergang Kloster → Neues Rathaus

(Lindenplatz, Kolonialhaus, Leviathan, Kreishaus, Verwaltungsakademie, 67 ff., Lindenschule, Sparkasse, Bahnhofsplatz

Erinnerungsträchtige Orte für die Rückkehrerin Stella. Gleichzeitig überraschende neue Anblicke: Leere, wo einst das Admiralshaus gestanden hatte, Verwaltungsakademie mit neuer Fassade, verwaiste frühere Polizeistation gegenüber des Savoykinos und schließlich der eindrucksvolle Bau des neuen Rathauses. Doch so weit sind wir noch nicht. Erst einmal macht Stella Rast:

9. Seecafé - Ein Glas Sekt?

S.60: Im Seecafé fand Stella eine windgeschützte Ecke auf der Gartenterrasse, von der aus sie einen freien Blick über den See bis hin zur Insel hatte. Nach dem Frühstück wollte sie ihr sonniges Plätzchen noch nicht räumen, und sie bestellte sich einen Prosecco.

Die zwei Begegnungen (Kai und Charlotte Wode) gingen ihr durch den Kopf.

Sie lehnte sich zurück, ließ sich die warme Sonne aufs Gesicht scheinen und bestellte sich noch einen Espresso und einen Prosecco. Sie wollte den Tag genießen.

Neugierig öffnete sie den Brief des jungen Fischers, um zu erfahren, was der Traumprinz von der Insel ihr zu sagen hatte.

10. Insel im Bordesholmer See

Von ihrem Prosecco schaute sie hinüber zur Insel. Es schien ihr unglaublich, was in dem Brief stand:

... Es dämmerte schon, als wir vom Bootssteg des Angelvereins ablegten. Zum ersten Mal sah ich Onkel Henning einen Rucksack tragen. „Lass uns zunächst zum Segelverein fahren. Dort holen wir noch etwas ab", sagte Henning Wode. Im Dunkeln legten wir an. Mein Onkel sprang auf den Steg, und ich vertäute das Boot. Unter einem Opti – Segler zerrte der Arzt ein längliches Paket hervor, Segeltuch, wie ein Seesack.
„Darin ist Dein Opa. Jetzt hilf mir, ihn zu begraben. Er wollte es doch so, und du auch", stieß er hervor. Ich war sprachlos, stand steif wie ein Baum.
„Los! Wir haben keine Zeit!" zischte Henning Wode.
Ich packte wie automatisch an, und gemeinsam trugen wir den leichten Körper meines Opas auf den Steg und legten ihn in das Boot. Schweigend pullten wir zur Insel. Tonlos fragte ich irgendwann:

11. Praxis Wode, damals Bahnhofstr.
Hier hatte alles begonnen, als sie, 15-jährig, Dr. Wode erstmalig begegnete:
S.5: Stella war es, als würde eine fußballgroße Faust in ihren Magen gerammt. Ihre Kehle schien wie zugeschnürt. Keinen Ton würde sie über ihre Lippen bringen, wenn er sie anspräche.
Zum Glück ging es hier nicht um sie! Ihre Mutter hatte den Termin bei Dr. Wode.

12. Squashline
S.6: Ihre liebste Ausrede war das Squashtraining. Stellas Eltern hatten selbst die Verbindung zu Rollo geknüpft, als sie häufiger zum Essen in Rollos Restaurant im ‚*Squashline 103*' gingen, da der Haushalt für die Mutter mehr und mehr mühsam geworden war. Rollo, selbst begeisterter und erfolgreicher Ranglistenspieler der Squashsenioren, war gleichzeitig Besitzer, Wirt, Trainer und Mannschaftsbetreuer, nahm sie in die neu gegründete Trainingsgruppe der jungen Mädchenmannschaft auf. Der Kontrast

zwischen ihrem trostlos gewordenem Elternhaus und der munteren Truppe um Rollo machten den neuen Sport zu Stellas größtem Lichtblick in dieser schwierigen Zeit.

13. Finnsiedlung

In der Finnsiedlung befanden sich sowohl Stellas und Bielfelds Elternhaus. Hier traf Stella Bielfeld erstmalig nach 15 Jahren wieder.

S.73: Stella schritt neben Bielfeld her und wünschte sich, dass er das Gespräch aufnehmen würde.
"Wir wohnen gern in diesem Original - Finnenhaus", begann Bielfeld, „das echte alte Holz haben wir gelassen, gut gepflegt und so erhalten, wie es ursprünglich war. Unser ganzer Stolz ist die Klöndör. Dort halten wir ab und zu ein Schwätzchen mit den Nachbarn. Kennen Sie diese Art Türen?"
"Oh ja, man kann sich so schön aufstützen auf dem unteren Teil der Tür, wenn sie geöffnet ist und man sich unterhält, nicht?"
Bielfeld blieb stehen und schaute Stella liebevoll an:
"Sie sind eine wundervolle Frau, Stella, es ist mir ein Bedürfnis, Ihnen dies einmal zu sagen. So, jetzt ist es heraus!"
Er atmete einmal tief durch.

14. Schanze - Kaffeetrinken?

Hier trafen sich Stella und die Psychologin von Charlotte zu einem Gespräch über die als verschollen geltende, in Wahrheit aber ermordete erste Frau von Dr. Wode und Charlotte Wode, seine zweite Frau:

Kurz nach achtzehn Uhr am verabredeten Mittwoch saßen sich Felicitas Vogel und Stella in der ‚Schanze am See' gegenüber.
Sie schauten sich in der gemütlichen, im alten Bauernstil gehaltenen Gaststube um und fanden einen Tisch am Fenster mit

Blick zum See. Sie vereinbarten, zunächst einmal gemütlich zu essen, um sich danach ganz ihrem Gespräch widmen zu können. Nach dem Espresso legte Felicitas Vogel ihre Serviette beiseite und lehnte sich genüsslich zurück.

„Welch ein Hochgenuss. Ich esse hier sehr gern, wenn ich in der Nähe bin. Doch nun wollen wir uns auf das konzentrieren, was uns hier zusammen geführt hat. Ist das auch in Ihrem Sinne?"

„Ja gern", erwiderte Stella, „doch irgendwie weiß ich jetzt gar nicht so recht, wo ich anfangen soll."

„Haben Sie keine Scheu, mich zu fragen, ich werde Ihnen immer so gut antworten, wie mir möglich ist," ermutigte die Psychologin Stella.

„O.K., dann lege ich gleich los: Sind Sie auch der Ansicht, dass Frau Dr. Wode tot ist?"

„Nun ja, sagen wir es mal so, ich würde mir wünschen, dass sie noch lebt und sich in einer guten Verfassung befindet."

„Gibt es Anhaltspunkte, die Sie vermuten lassen, dass es so ist?" Stella schaute ihrem Gegenüber hoffnungsvoll ins Gesicht.

„Oh ja, wie wir unter Umständen beide wissen, hatte Carola….."

15. Seeufer Einfeld, Bootssteg, Bank

Hierher brachten die Entführer die wehrlose Charlotte, um sie zu ermorden:

S.117: Plötzlich spürte Charlotte, dass sie von hinten umfasst und ein feuchtes Tuch auf ihr Gesicht gedrückt wurde. Ihr Aufschrei wurde in dem weichen Gewebe erstickt. Der Sicherheitsgurt verhinderte größere Bewegungen, und die Abwehrreflexe in Armen und Beinen ließen schnell nach. Charlotte Wode verlor das Bewusstsein.

Der Fahrer bediente die Schnellwahltaste des Autotelefons.

„Wir haben sie. Das Paket legen wir am vereinbarten Platz ab."

Spaziergänger fanden die Leiche von Charlotte Wode zwei Tage später. Sie war im Einfelder See nahe der Dorfbucht angeschwemmt worden. Die Leute sagten, sie sei wohl in ihrem Wahn ins Wasser gegangen. Dafür sprach auch die Obduktion, die ergab, dass ihr Magen Whiskey und Beruhigungstabletten enthielt. Die Tabletten, die man ihr im Klosterstift zur Beruhigung verabreicht hatte. Aber ihr Körper wies auffällige Hämatome an den Oberarmen und im Brustbereich auf. Außerdem fehlten zwei Schneidezähne. Kommissar Bielfeld grübelte über dem Obduktionsbericht.

16. Seeblick Mühbrook
Treffen mit Dr. Wode, Stellas Entführung, beobachtet von Bielfeld. Rettung durch Rüdiger, der sie ins Dosenmoor fahren und sie dort ins Wasser werfen sollte, es aber nicht tat.

S.124: Es klang wie ein Telefonat.
Die Terrassentür von nebenan wurde leise geöffnet. Dann sah Bielfeld einen unbeleuchteten Wagen vorfahren. Soweit er es im Dunklen erkennen konnte, stieg jemand aus und schien die Heckklappe des Autos zu öffnen. Die Person kam auf das Haus zu. Im Licht, das vom Nachbarapartment nach außen drang, erkannte er einen großen maskierten Mann. Henning ging ihm entgegen.
„Wie siehst du denn aus?"
„Solltest du vielleicht auch machen. Wer weiß, wer uns beobachtet."
Er warf Wode eine schwarze Wollmütze zu. Dann gingen beide in Stellas Apartment. Sie schienen sich leise zu unterhalten.
Es dauerte nicht lange, und sie schleppten gemeinsam etwas Schweres zum Wagen. Es ging blitzschnell. Der Wagen fuhr sofort ab, ohne die Lichter einzuschalten. Wode schien mitgefahren zu sein. Jedenfalls war er nicht mehr zu sehen.
Bielfeld rannte auf die Straße. Nichts zu sehen. Dann erkannte er Wode im Apartment. Er schien das Bett zu machen.

Hatte er sich alles nur eingebildet? Wollten die beiden es sich jetzt nebenan gemütlich machen? Er musste etwas unternehmen. Andererseits wollte er vermeiden, dass Stella erfuhr, dass er die beiden die ganze Zeit im Nachbarzimmer belauscht hatte.
Dann ging eine Tür.
„Gute Nacht, schlaf gut!", hörte er Wode gut gelaunt rufen, bevor sich die Tür wieder schloss.

S.139: Eifersüchtig presste Bielfeld sein Ohr an die Wand. Er hatte das Gefühl, ein Rascheln zu hören. Bettwäsche? Dann ein leises Stöhnen von Henning. Kein Laut von Stella. Dann wieder klang es wie verhaltenes Fluchen.

Danach wieder Stille, bis er deutlich von Henning die Worte vernahm:

„O.K. Kannst kommen!"

17. Dosenmoor, Schlagbaum, Hauptdamm ...

Schlusskapitel. Stella erwacht im FEK aus dem Koma, hat eine Idee und lockt Dr. Wode in eine Falle: Dosenmoor. Dr. Wode geht zum Schein darauf ein und nichts ahnend fährt er sie ins Moor, wo er sie umbringen – und Bielfeld dort aber Stella retten und Dr. Wode überführen kann:

S.167: Stella wurde allmählich ruhiger. Während Wode auf dem schmalen Damm langsam Richtung Hauptweg fuhr, sammelte sie ihre Gedanken. Sie war in Wodes Gewalt. Aber was wollte er von ihr? Warum hatte er sie nicht einfach im Moor gelassen? Vielleicht sollte sie einfach frech zum Angriff übergehen: "Hast du die 100000 Euro?", fragte sie in die Stille hinein.

„Du bist wohl völlig durchgedreht! Nichts bekommst du! Sei froh, wenn du am Leben bleibst."

Wode sah schon den Hauptdamm und gab etwas mehr Gas. Plötzlich stand ein Mann im Scheinwerferlicht. Mit der einen Hand schützte er seine Augen vor dem grellen Licht, in der anderen hielt er eine Pistole, mit der er auf das Auto zielte. Ein Schuss zerfetzte die Windschutzscheibe.

„Rüdiger! Der verdammte Kerl!", fluchte Henning Wode. „Das habt ihr euch ja fein ausgedacht!"

Er trat das Gaspedal voll durch. Mit aufheulendem Motor machte der Wagen einen Satz nach vorne. Rüdiger blieb noch ein Schuss, dann warf er sich zur Seite und landete auf einer feuchten Moosfläche, die ihn aber trug. Wode hatte einen Schlag an der rechten Schulter gespürt. Durch das zersplitterte Glas konnte er nicht mehr sehen. Er verzog das Steuer nach links. Der Wagen kam vom Damm ab und landete mit einem Satz in einem Moorloch. Gurgelnd erstarb der Motor. Alles war plötzlich still. Es begann zu regnen...

Stella versuchte, die Tür des Autos zu öffnen. Aber der Wagen lag so schräg, dass die schwere Tür immer wieder zuschlug.

Die Kugel hatte Wode in der rechten Schulter getroffen.

„Mach meinen Sicherheitsgurt los. Sonst lasse ich dich hier nicht raus!", zischte er.

Stella fummelte so lange an dem Schloss, bis der Gurt frei war.

„So, ich stütze dich. Versuch noch mal, die Tür zu öffnen." Er drehte sich und griff mit der linken Hand in Stellas Hüfte. Es gelang ihr, die Tür weit aufzustoßen und sie in dieser Stellung zu halten. Sie schwang die Füße auf den Holm, hielt sich mit der rechten am Türrahmen fest und stemmte sich aus dem Wagen und stapfte mühsam auf dem unsicheren, sumpfigen Morast davon. Henning Wode rief ihr nach:

„Hol mich hier raus!"

Aus der Dunkelheit traf Stella der Schein einer starken Taschenlampe. Kommissar Bielfeld und seine Mitarbeiter zogen die vor Kälte und Angst schlotternde Frau auf festen Grund. Bielfeld legte Stella eine Decke um die Schulter. Leise, so dass es niemand hörte, aber mit fester Stimme sagte er: „Welch

Vertrauensbruch, Frau Haas!" Dann befahl er der Polizeimeisterin Schneider, die völlig Durchnässte in ihr Hotel zu bringen.

In dem Geländewagen erloschen die Lichter.
„Dann wollen wir uns mal an die Rettung des Mörders machen", sagte Bielfeld und richtete den Strahl seiner Taschenlampe auf das Autowrack. Er sah, wie Dr. Wode gegen das Seitenfenster des Wagens trat. Seine Füße steckten in widerstandsfähigen, festen Wanderschuhen.
„Damit kann einer überall hin laufen", sagte Bielfeld.
Sein Kollege sah ihn verständnislos an.

Krimi II: Schmalsteder Beifang

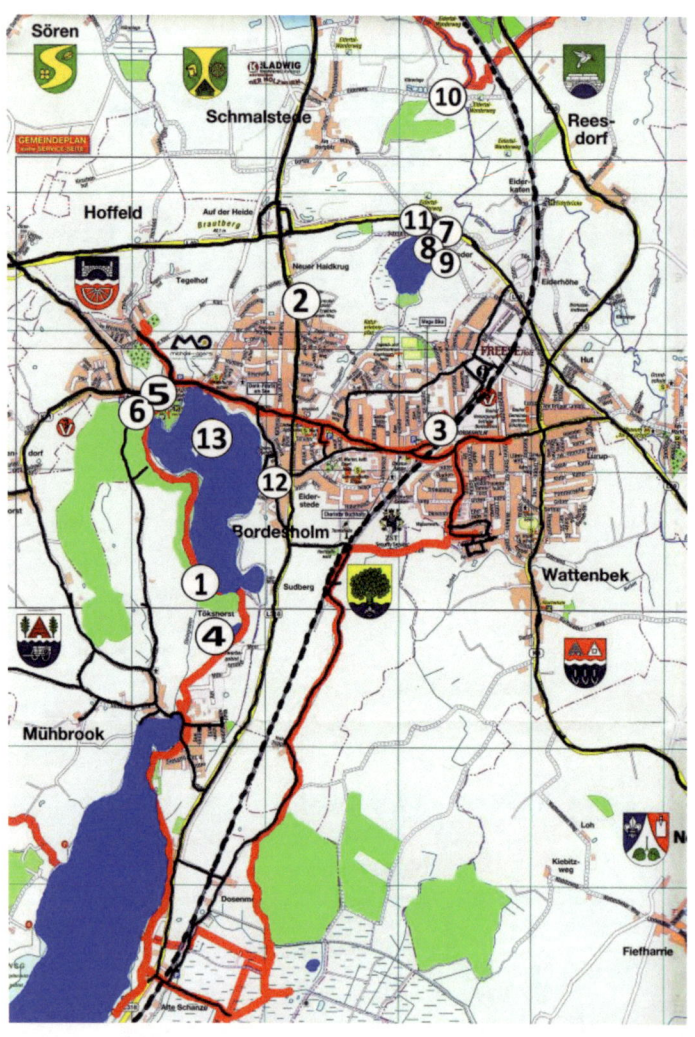

Natürlich fischt Georg Plambeck seinen Beifang aus dem Schmalsteder Mühlenteich. Und in der kleinen Bordesholmer Nachbargemeinde geschieht auch sonst so einiges. Aber zunächst versammeln wir uns am Fahrradladen „Megabyke" in der Mühlenstraße 1. Von dort geht es an den See herunter zur Lügenbrücke.

1. Die Lügenbrücke
Ist eine hölzerne Brücke, die den Zufluss vom Einfelder See in den Bordesholmer See quert. Unter ihr finden die Kindergartenkinder der Waldgruppe eine Leiche, die so tot ist, dass sie sich nicht bewegt, auch wenn man sie mit Stöcken piekst. Kommissarin Erika Friedberg nimmt die Ermittlungen auf. Aber es dauert nicht lange, bis sich ihr Kollege Bielfeld dazu gesellt. (S. 1)

2. Veranstaltungsplatz
Hauptkommissar Bielfeld hat sofort einen Verdacht. Ihm gefällt die neue Jugendvollzugsanstalt nicht, die auf dem ehemaligen Veranstaltungsplatz an der „Alten Landstraße" entstanden ist. Wo moderner offener Strafvollzug praktiziert wird, herrscht nach seiner Meinung liberale Nachgiebigkeit. „Aufräumen müsste man mit den Burschen. Tom und wie sie alle heißen. Die lachen sich halb tot über Ihre naive Vertrauensseligkeit."
„Über die Prinzipien unseres Rechtsstaates meinen Sie wohl. Dazu stehe ich. Und ich nehme an, Sie auch."

„ Lassen Sie die Späße. Glauben Sie ernsthaft, das sind alles Unschuldslämmer? Verurteilte Straftäter sind es. Nur eben – ich hätte fast gesagt ‚leider – im offenen Vollzug."
Damit sind die Fronten klar. Mal sehen, wer Recht behält. (S. 15)

3. Restaurant Makkarita / Marktplatz
Ein Trauermarsch, von Jugendlichen organisiert, führt auf den Marktplatz, wo man der toten Mona gedenkt. Aber das bleibt nicht friedlich. Die Kommissarin, der Kommissar und ein Verdächtiger treffen sich im „Makkarita", um die Fronten zu klären.
„Sie, gerade Sie müssen das sagen. Dabei stecken Sie doch voller Vorurteile gegen uns!"
Bielfeld wollte auffahren, aber Erika Friedberg griff ein:
„Aber Jungs, doch nicht heute. Das sollten wir in Ruhe besprechen. Und dazu brauchen wir ein Menü, nicht nur Antipasti. Zum Beispiel das hier." Sie blickte auf die Tafel an der Wand. „Antipasti, Käse in Tomatensauce, dann Dorade in Kapern Weißweinsud mit Rosmarinkartoffeln, und zum Nachtisch Apfel-Ricotta-Torte mit Vanilleschaum." Aber der von Bielfeld verdächtigte Tom widerstand der Verlockung. So mussten der Polizist und seine Kollegin alleine essen. (S. 24, 27)

4. Mühbrooker Meer
Ein verträumtes Plätzchen zwischen dem Bordesholmer See und Mühbrook. Anglerparadies. Auch ein Ort für Verliebte. Tom erzählt Erika Friedmann ein Geheimnis, das er und die Ermordete an diesem kleinen See hatten:
„Tom bog die Äste des Weidengesträuchs auseinander und stand vor dem hohlen Stamm einer Kopfweide – ihr Briefkasten für Liebesbriefe, kleine Geschenke oder auch manchmal ein Fläschlein." (S. 28)

5. Die Bordesholmer Gerichtslinde
Heute sieht sie arg gerupft aus. Aber über Jahrhunderte war die Gerichtslinde auf der Bordesholmer Klosterinsel ein stattlicher Baum. Unter ihr wurde Gericht gehalten, und heute noch hält der Vogeldingrichter der Bordesholmer Liedertafel zum Auftakt des jährlichen Schützenfestes unter der Linde sein hintersinniges Dinggericht.
Den Bürgertreff nach dem Dinggericht störten in diesem Jahr organisierte Jugendliche:
„Vom Bierstand her ertönte ein lauter Knall. Die Musik verstummte vor Schreck. Der Bierwagen war umgestürzt. Gläser, Flaschen, Fässer, alles polterte durcheinander. Dazwischen rappelte sich das Bedienungspersonal auf. Einige jüngere Schützen verfolgten die Täter, aber die schienen alles genau geplant zu haben. Sie verteilten sich und nutzten alle möglichen Fluchtwege." (S. 65)

6. Der Gewölbekeller

Der Gewölbekeller im Klosterstift enthält eine ständige Ausstellung zur Geschichte des Augustiner Chorherrenstiftes und beherbergt wechselnde Ausstellungen und Veranstaltungen. Einmal nutzte der Bürgermeister seine Schlüsselgewalt. Hat er sich dadurch erpressbar gemacht?

„Nach der herzlichen Verabschiedung der Gäste stand sie wieder neben ihm und fragte unschuldig, ob er ihr den Raum nicht noch einmal zeigen und erklären könne. Nach kurzem Zögern und einem Rundumblick zog er sie in den Flur, schloss die Tür ab und löschte das Licht im Eingangsbereich. Als sie nebeneinander die Treppe hinab in den Keller stiegen, schob sie ihre kleine Hand in die seine. Er hörte sich erzählen von Chorherren und Klosterschülern, vom unterirdischen Tunnel und dem Kreuzgang, von Marienverehrung und Meister Brüggemann, während sie sich immer enger an ihn schmiegte. Auf dem Tisch mit dem Modell der Klosterkirche haben sie sich dann geliebt."
(S. 62)

7. Am Schmalsteder Mühlenteich

Über die Schmalsteder Mühle, ihren heute als Karpfenteich genutzten Mühlenteich und über die hügelige Landschaft rundherum ließe sich lange erzählen. Georg Plambeck, der Eigentümer von Mühle und Teich, ist gerne bereit dazu. In diesem schönen

Teil unseres Bordesholmer Landes spielt ein großer Teil unseres Krimis „Schmalsteder Beifang".

Zunächst begeben wir uns auf eine kleine Halbinsel, die gegenüber der Mühle in den See hineinragt. Hier gibt es Überdachungen, einen riesigen Grill und Gerätschaften für Feiern. Die Jugendlichen haben den Fischer überredet, ihnen den Platz für eine Fete am Wochenende vor dem alljährlichen Harleytreffen am Mühlenteich zur Verfügung zu stellen. Aber die Fete endet tragisch. (S. 65)

8. Die Schmalsteder Mühle
Die alte Mühle hat eine lange Geschichte. Davon erfährt unsere Kommissarin Erika Friedberg nur wenig, als sie zur Vernehmung des Fischers in das Mühlental fährt. (S. 67)

9. Das Abfischen
findet jährlich Anfang November statt. Es ist ein kleines Volksfest. Tage vorher hat der Fischer das Wehr geöffnet, und das Wasser des Mühlenteiches fließt ab in die Eider. Schließlich drängen sich die Karpfen in den Graben vor dem Häuschen mit dem Gitterboden, auf dem die Fische landen werden. Hier wartet eine große Menge Menschen auf das Spektakel. Die Hütte kann man sehen, und das Gitter auch, auf dem in diesem Jahr nicht nur Fische landen.

„Als die Absperrbole zum dritten Mal angehoben werden sollte, klemmte sie. Zwei Männer mussten zusätzlich anpacken, eine Brechstange Hilfe leisten. Mit einem Ruck öffnete sich das Siel. Eine Masse dunkler Karpfen schoss auf den Rost, und dazwischen etwas Weißes..." (S. 100)

10. Der Widder auf dem Hof Johannsen
Ein Widder ist nicht unbedingt ein männliches Schaf, auch nicht nur eine Kaninchenrasse, wie die Teilnehmer einer landeskundlichen Fahrradtour erfahren mussten. „Widder" heißt aber auch ein technisches Gerät, das sich hydraulische Gesetze zunutze macht und Wasser auf eine höhere Ebene transportiert.
Hier, auf dem Hof Johannsen, von der Eider zwölf Meter hoch bis in den Kuhstall. Seit 1936 ununterbrochen: „Mien Widder bringt dat Water twölf Meter hoch bet in`n Kohstall."
Und dann gibt es da die Geschichte vom Penzelsberg. Die wird auf dem Hof Johannsen gerne erzählt. Gehört doch der Berg zum Hof – und die Zwerge auch? (S. 96)

11. Der Penzelsberg
„Wanderer, die auf ihrem Weg entlang der Eider zur Alten Brücke gehen, kommen bei dem Hofe Johannsen an einer Anhöhe vorbei, die ‚Penzelsberg' genannt wird".
So beginnt eine Legende, die mannigfaltig überliefert ist. An diesem Penzelsberg vorbei fährt die Fahrradwandergruppe auf ihrem Weg zurück nach Bordesholm. Es ist bereits dämmerig, als die Gruppe,

noch ergriffen von der Erzählung, am Fuße des Berges anlangt:
„'Halt! Still!', rief einer und wies den Hang hinauf. Und war es nicht wirklich so, als huschten dort Lichter durchs Gebüsch. Zu hören aber war nichts."
(S. 98)

12. Kinder- und Jugendtreff Bordesholm
Die Einrichtung der Gemeinde Bordesholm liegt an der Eiersteder Straße in nahe am See. Frank Bertram und sein Team gestalten dort ein vielfältiges Programm für Kinder und Jugendliche. (S. 133)

13. Die Insel im See
Die kleine Insel im Bordesholmer See liegt vor der Klosterinsel und der Vogelwiese. Sie ist unbewohnt, nur der Fischer hat dort eine Hütte für seine Gerätschaften. Es gibt einen kleinen Anlegesteg und ein paar Gestelle, auf denen Netze trocknen können. Hier spielt das letzte Kapitel:

„Die Insel im See war das Ziel. Sandra hatte sich zunächst geweigert, in das Kanu zu steigen. Aber gleichzeitig schmeichelnd, bittend und drohend hatte Jörg sie dazu gebracht, doch ein Paddel zu nehmen und sich ins Boot zu setzen. ... Während der ganzen Überfahrt sagte sie kein Wort. Ihre Gedanken überschlugen sich. ‚Was will er von mir? Wie komme ich von hier weg?', fragte sie sich."

Brillen Rottler HEINZEL Sehen+Hören I Bahnhofstraße 74
24582 Bordesholm I Telefon: 04322 - 30 07

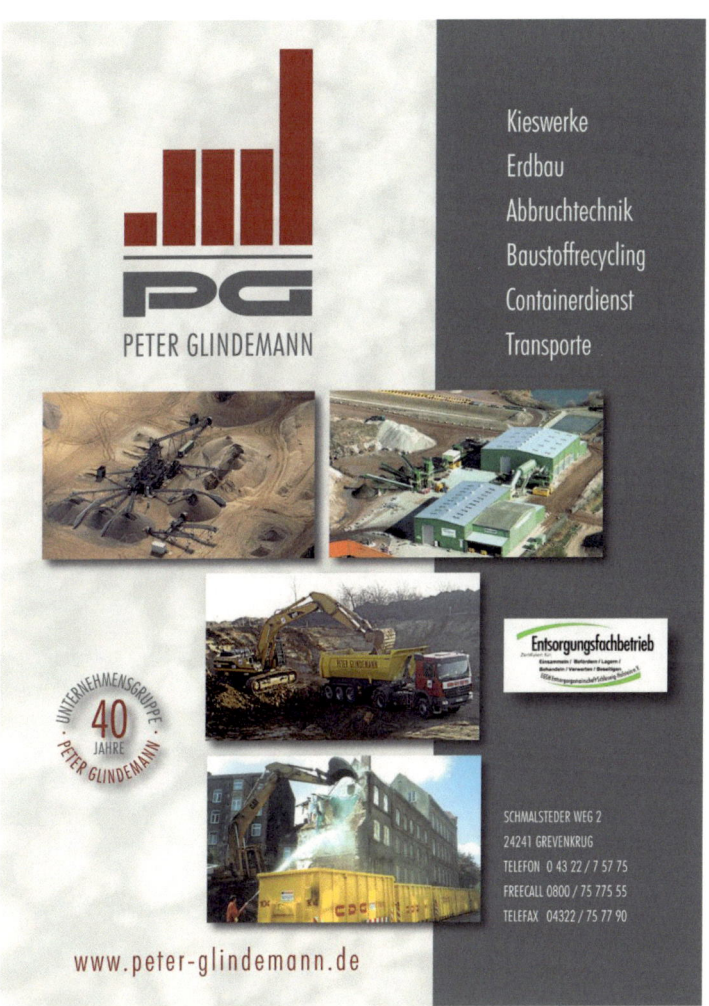

Krimi III: Lotosblüte

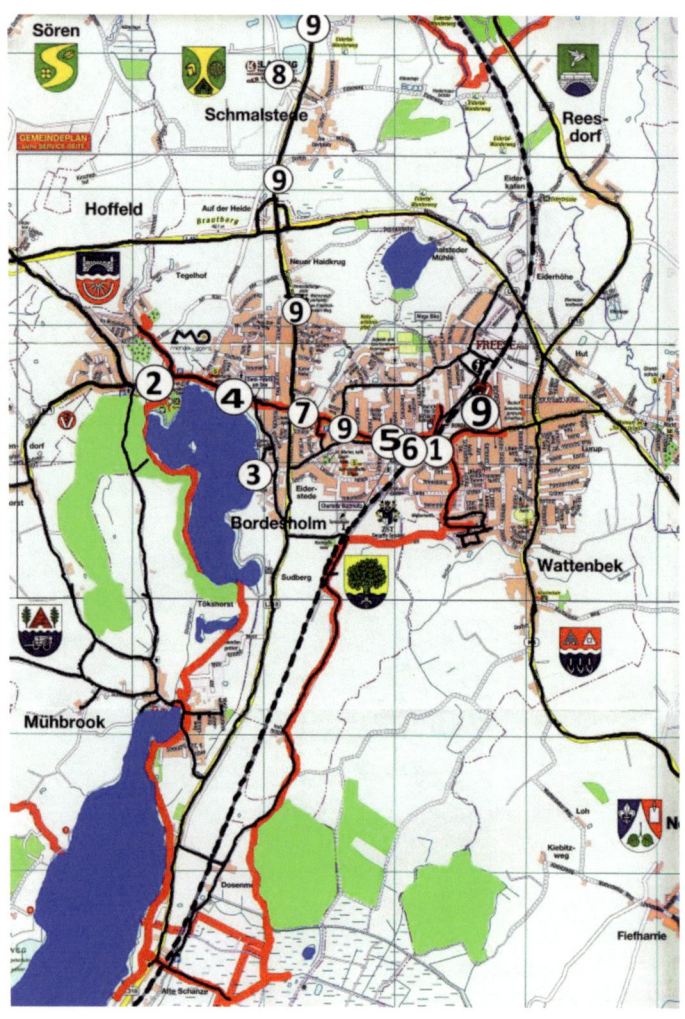

1. Köpi-Treff
Direkt an der Bahnunterführung gelegenes gern besuchtes Bierlokal. Hier kennt jeder jeden.
„Heute bitte ein Orchester!" rief Kron durch den Gastraum. Das war die Sprachregelung dafür, dass er heute einen doppelten Jägermeister wollte."
„Bitte schöön!" Ümit, der Wirt, stellte den Jägermeister auf den eigens für die Combo-Aktion geschaffenen Bierdeckel, der eigentlich aus zwei Bierfilzen bestand.
Neben ihnen stand der Knoblauchfreund. Er aß zu allem Knoblauch, spickte sogar Würstchen mit Knoblauchzehen und rieb das Gewürz in die Schlagsahne zu Erdbeeren.
Nachdem Kron ein überaus erfolgreiches Telefongespräch mit einem alten Freund am Tresen geführt hatte, klappte er sein Handy zu und rief mit einer ausgreifenden Geste: „Eine Runde für alle!"

2. Villa Coloniale
Das italienische Spezialitätenrestaurant direkt am Lindenplatz bietet eine angenehme Atmosphäre.
Ludwig Kron verabredet sich dort mit Silvie, der Geliebten seines Onkels, zu einem Abendessen:
Er wollte ihr nicht nur näherkommen, er benötigte sie auch als Bestätigung seines Alibis.
„Villa Coloniale, 20.00 Uhr? Ich bestell einen Tisch:
Buona Sera, Giuseppe. Kron hier. Wie belegt seid ihr heute? Schon alles ausgebucht?"

„Eigentlich ja, erst um 20.00 Uhr sieht es besser aus. Zumindest im Wintergarten. Dann ist auch das Dach geschlossen und dort angenehm warm. Notfalls genießen Sie erst einen Grappa am Tresen. Grappa ist immer gut oder einen Caipi? Geht auf meine Rechnung. Zwei Personen?"
„Ja, zwei Personen bitte!"

3. Seeterrassen am Seerundweg

Hauptkommissar Bielfeld und Kommissarin Friedberg warten auf Ludwig Kron auf der Terrasse des Kiosks und genießen den wundervollen Blick auf die neue Seebrücke, die Klosterkirche und die Insel im See, die eine wichtige Rolle in den ersten beiden Krimis spielt.

„Lass uns einen Kaffee trinken gehen. Unten am See."
„Seeterrassen? Kenn ich gar nicht!" „Doch, ist neu. Der Kiosk an der Badeanstalt nennt sich jetzt 'Seeterrassen.' Ganz nett da. Bei diesem schönen Wetter können wir auf der Terrasse sitzen."

Sie gingen den Fußweg hinunter zum Seerundweg, bogen rechts ab und erreichten den modernen Neubau, der sich zum See hin öffnete. Steinwände und Gittervorrichtungen setzen einen strengen Kontrast.

„Das baut der junge Elwardt. Der Sohn des Handballmanagers."

„Wirklich nett", sagte Bielfeld.

4. Haus des Präsidenten des Kulturvereins
Dringliche Einladung des Präsidenten an die Vereinsmitglieder zum Fund des Andrucks eines Goethe-Dramas in den Wintergarten seines Hauses.
„Was machen wir damit? Wir machen das, was unsere Aufgabe seit 50 Jahren ist: Das kulturelle Leben in unserer Region fördern. Ich habe mir einige Gedanken gemacht."
Nun ließ der Präsident sich nicht mehr aufhalten: „Natürlich muss das Werk jährlich in Bordesholm aufgeführt werden. Dafür ist eine Bühne zu schaffen, denn mehrere Vorstellungen im Jahr werden bei der Klosterkirchengemeinde keine Gegenliebe finden. Deshalb bauen wir eine Freilichtbühne im Amtmannpark. Der Park wird für die Zuschauer terrassiert. Die Bühne ragt in den See hinein. Eine Dauerausstellung muss auf Goethe und Bordesholm hinweisen. Dafür eignet sich entweder die 'Alte Post' am Lindenplatz oder ein Neubau auf der zur Verkauf stehenden Fläche gegenüber dem Alten Kreishaus." Wichtig war dem Präsidenten, dass man dem Vorhaben grundsätzlich zustimmte. „Und alles, meine Freunde, streng geheim. Zum Wohle unseres Bordesholm!"

5. Ahlmann'sche Buchhandlung
Beste Adresse in Bordesholm zum Bücherkauf, natürlich auch alle Bücher der Bordesholmer Edition

„Vorschläge des Präsidenten des Kulturvereins: Umwandlung des Namens in 'Alemannische Goethebuchhandlung'; Goethe-Dekoration usw."

6. Friends by Rollo

in der Bahnhofstraße in Bordesholm. Neben Burgern bietet das beliebte Lokal eine Reihe von Leckereien an wie z.B. Pizza, La Flute oder Steaks.
„Alles passt. Wir sind am Ziel. Wollen wir das feiern und noch einen Schluck trinken?"
Hauptkommissar Bielfeld sah seiner Kollegin gut gelaunt in die Augen.
„Wo, dürfen Sie bestimmen. Ich mache alles mit."
Beide wirkten richtig zufrieden und steuerten geradewegs ins 'Friends by Rollo', Bielfelds Lieblingslokal in Bordesholm.

7. Heintzestraße

Einstige Villa der Gräfin Augusta Louise zu Stolberg, im Roman Wohnsitz von Adelheid Weimar-Hansen und ihrem Ehemann Joachim Hansen, perfektes Gebäude als Krimigrundlage. Die Villa gibt es lange nicht mehr. Gräfin zu Stolberg lebte um 1800 einige Jahre in Bordesholm. Aber irgendwo dort, wo heute die Villa 'Bellevue' auf der Anhöhe thront, müsste es wohl gewesen sein.
Wir Autoren stellen uns ein existierendes großes altes Haus in Alt-Bordesholm mit wunderschönem Blick auf

den Bordesholmer See und die Klosterkirche vor. Es könnte um 1800 neben einem Großboden einen kleinen Turm gehabt haben und neben den eleganten Wohnräumen im Parkett eine großen Keller. Im Dachgeschoss gab es Gästezimmer. In einem abgeschlossenen Appartement wohnte Paula. Eine Ebene höher befand sich das Dachgeschoss. Hier lagerten in verschlossenen Verschlägen alte Gebrauchsgegenstände. Das Turmzimmer hatte der Abgeordnete vor Jahren auf der Suche nach einem Liebesnest gefunden. Die Tür war von einem Regal verdeckt. Eine uralte Holztreppe führte in dieses Zimmer, das eine total verstaubte Bibliothek beinhaltete. Das Haus war umrahmt von einem parkähnlichen Grundstück, das für uns einen etwas verwilderten, aber romantischen Eindruck erweckte.

8. Ort des Mordes an Joachim Hansen

Beginn Bordesholmer Linde, weiter Friedhof vorbei auf die Straße 'Am Klint', dann auf dem Milchweg vorbei am Brautberg, Richtung Kieswerk **Peter Glindemann** Die Kies- und Sandgrubenwerke betreiben Richtung Grevenkrug seit Jahren Kies-, Sand- und Tongewinnung in riesigem Ausmaß.
Im Buch wird es so beschrieben:
Würde sie es noch schaffen? Silvie schlug kräftig auf das Lenkrad. Wollte ihr Wagen nicht anspringen? Noch einmal drückte sie auf das Gaspedal. Der Motor heulte auf. Mit überhöhter Geschwindigkeit raste sie am Friedhof vorbei. Die Straße ‚Am Klingt' hatte keine Rennstreckenqualität. Auf dem ‚Milchweg' wurde es

besser. Die schmale Straße schlängelte sich durch die hügelige Landschaft vorbei am Brautberg und den kleinen geteerten Wirtschaftswegen bis hin zu der Firma Glindemann.
Zur Renaturierung der entstandenen Kiesgruben gibt es inzwischen um den Betrieb herum Biotope und Baggerseen. Am Eingang eines dieser etwas versteckten sehenswerten Biotope liegen riesige Findlinge, darunter ein Gedenkstein zur Erinnerung an die Wiedervereinigung. Karl Winzer hat die Inschrift in seiner Amtszeit als Bürgermeister von Schmalstede machen lassen. Noch heute trifft man ihn ab und zu an diesem Platz, inmitten von herrlichem Grün der angepflanzten Büsche und Bäume.
Dort, entschieden die Autoren, sollte der Tatort sein, an dem Joachim Hansen erschossen wurde.

9. Fluchtweg von Ludwig Kron

„ ... von Kiel kommend in die Holstenstraße Richtung Bordesholmer Ei, links auf die Bahnhofstraße, vor der Volksbank in den Lüttenheisch, weiter geradeaus zum Tunnelweg, Bahnunterführung, zum Finnenredder und dann in den Steenredder. Beim Pendlerparkplatz am Bahnhof war sein Ziel erreicht; Versteck im Gebüsch an der Bahnhofstraße. Kron suchte nach einem sicheren Platz, an dem ihn keiner finden konnte. Sein Blick fiel auf den Siloturm am neuen Einkaufszentrum. Der Turm war eingerüstet durch die Firma Jäschke. Einstieg hinter dem Lieferanteneingang des Einkaufszentrums über die Einstiegsleiter zur ersten Plattform. Der Durchstieg war schmal, aber Kron zwängte sich hindurch. Zu Füßen der Sendemastanlagen sank er in sich zusammen. Guter Blick auf den Bordesholmer Bahnhof. Durch den Lichtkegel des Polizeischeinwerfers wurde Kron entdeckt.

Notizen

Buntes Bordesholmer Land

In der Reihe **Bordesholmer Edition** bisher erschienen
(Stand: Juni 2014)

Bd. 1: Das Grab auf der Insel
Der erste Bordesholmkrimi
von Jürgen Baasch, Lydia Glaubke, Charlotte Günther,
Ines Reich und Hartmut Wiedling
ISBN 978-3844800067   172 Seiten   Preis 9,90€

Bd. 2: De Borsholmer Jedemann
Hugo v. Hofmannsthal sien Stück,
in`t Plattdüütsche sett vun Jürgen Baasch
ISBN 978-3848218066   128 Seiten   Preis 8,90€

Bd. 3: Das Licht
und andere Erzählungen
von Jürgen Baasch, Kirsten Frahm,
Viktor Vogt und Hartmut Wiedling
ISBN 978-3848227112   136 Seiten   Preis 8,90€

Bd. 4: Krimidinner
Kriminalroman
von Hartmut Wiedling
ISBN 978-3848219711   260 Seiten Preis 14,90€

Bd. 5: Schmalsteder Beifang
Der zweite Bordesholmkrimi
von Jürgen Baasch, Silvia Biener, Charlotte Günther,
Diana Kühl und Hartmut Wiedling
ISBN 978-3-8482-2419-7   164 Seiten   Preis 9,90€

Bd. 6: Murmelspiel und Schabernack
Alltagsgeschichten aus unserer Nachkriegskinderzeit
Biografische Reihe, Hrsg. Jürgen Baasch
ISBN 978-3848241415   168 Seiten Preis 10,90€

Bd. 7: Biografische Splitter
Biografische Reihe,
Hrsg. Elmer Schmidt und Jürgen Baasch
ISBN 978-3732230983   138 Seiten Preis 9,90€

Bd. 8: Doppelbilder - Vier Paare, acht Geschichten und ein Gastspiel
9 Erzählungen
von Hartmut Wiedling
ISBN 978-3842342118   136 Seiten Preis 8,90€

Bd. 9: Ein Haus wird Hundert
Geschichten zur Geschichte
von Franz Rohwer
ISBN 978-3732254576,   88 Seiten Preis 8,50€

Bd. 10: Lotosblüte
Der dritte Bordesholmkrimi
von Jürgen Baasch, Kirsten Frahm, Charlotte Günther,
und Hartmut Wiedling
ISBN 978-3732286584   176 Seiten   Preis 9,90€

Bd. 11: Rezepte für die faule Hausfrau
Kleines Kochbüchlein ohne Anspruch auf Michelinsterne
von Durannimo von der Wied
ISBN 978-3732286287   52 Seiten   Preis 3,90€

Bd. 12: Letztes Jahr
Satirischer Endzeitroman
von Hartmut Wiedling
ISBN 978-3-732289400 156 Seiten   Preis 9,90€

Bd. 14: Wenn Papa lange wegfährt
Ein Bilderbuch für Kinder
Von Kristina Dohrn
ISBN 978-3-735723086 24 Seiten   Preis 13,90€

Bordesholmer Edition

eine Reihe für Autoren von Bordesholm und Umgebung
Herausgeber: J. Baasch und H. Wiedling, Bordesholm
bordesholmer.edition@yahoo.de

Herstellung und Verlag:
BoD - Books on Demand, Norderstedt
ISBN 978-3-7357-5979-5